CRISTINA

CRISTINA

Maria Torres Lagos

Número de Control de la Biblioteca del Congreso de EE. UU.:   2021913148
ISBN: Tapa Blanda   978-1-5065-3784-9
               Libro Electrónico   978-1-5065-3783-2

Información de la imprenta disponible en la última página.

Fecha de revisión: 29/06/2021

Para realizar pedidos de este libro, contacte con:
Palibrio
1663 Liberty Drive, Suite 200
Bloomington, IN 47403
Gratis desde EE. UU. al 877.407.5847
Gratis desde México al 01.800.288.2243
Gratis desde España al 900.866.949
Desde otro país al +1.812.671.9757
Fax: 01.812.355.1576
ventas@palibrio.com
832387

Esta es una historia muy bonita y muy triste a laves, Cristina mando su historia a la escritora María Torres Lagos, y dice así, aquí pasó a contarle mi historia espero le guste y que algún día la pueda publicar. En un tiempo no muy lejano, en los cerros cercano de la ciudad de Santiago de Chile, había un pueblito agrícola llamado San Fernando, al sur de la Capital, vivía una familia formada por Pedro y Olfa, muy humilde, y de cortos recursos, no tenían como alimentar y vestir a su numerosa familia de diez hijos e hijas, solo su padre trabajaba en ese entonces, de esa numerosa familia esta Cristina, ella es una chica noble de muy buen corazón, amistosa, amable, servicial, y también muy bonita con su pelo largo negro rizado tés blanca, cualquier vecina que le pida un favor ahí estaba Cristina, ella es la protagonista principal de esta historia, su nombre es real, Cuando niños todavía vivían en ese pueblito o campo, les faltaba la comida, vestimenta zapatos, y para tiempo de escuela no tenían los útiles escolares apropiados, por lo tanto no podía asistir a la escuela sus padres no podían comprarles a todos ropa y útiles escolares debido a esa situación de no poder sobrevivir con su familia, un día sus padres tomaron una triste decisión.

Después de haberlo conversado mucho pensarlo y lloraban juntos optaron por repartir sus hijos entre familiares y amigos más cercanos.

Si se los podían tener solo por un corto tiempo, por lo cual la decisión que tomaron esos padres lo hicieron con mucho dolor y tristeza.

Eso muy pocas veces se veía por esos campos de repartir sus hijos con otra personas, pero estos padres lo tuvieron que hacer por que ya no podían hacer otra cosa. En los campos casi nunca falta la comida pero este señor trabajaba solo no les alcanzaba con su trabajo alimentar su familia, no tenían para vestirlos y comprar medicinas cuando se enfermaban. Tuvieron que hacerlo por los niños. Unos quedaron muy cerca de sus padres que afortunadamente se veían muy a menudo. Pero, otros quedaron muy lejos, que no se veían casi nunca lo hicieron para que los niños se pudieran llevarse un pedazo de pan y un plato de comida a la boca y calzarse según ellos pensaban así, pero nunca pensaron en sus hijos si deberá iban a estar bien en otro lugar que nunca habían conocido. Solo los más chicos quedaron en casa, Se imaginan como sufrirían estos padres para llegar hacer esto y entregar estos niños, a personas que muchos no eran familiares, solo conocidos, o amigos sin saber cómo los iban a cuidar a los niños, los padres hablaron con estas personas le contaron su historia todos aceptaron por ayudarlo de esa manera solo por los niños.

El día que los entregaron los niños lloraban mucho no querían irse con nadie pero ellos no entendían por qué sus padres los estaban dando a esas personas, ellos pensaban en ese momento eso que los estaban dando a esas personas los más grandecitos pensaban que sus padres los habían dado a otras personas, pero no entendían porque, los más chicos no sabían que estaba pasando, lejos de sus padres y de sus hermanitos, lloraban amargamente estiraban sus manitas para tomarse con los demás pero no pudieron para que no se los llevaran, no todos tuvieron la misma suerte de caer en buenas manos. Cristina por ejemplo, desde el momento que la tomaron empezó a sufrir, no la cuidaban como se lo merecía, era una niña todavía.

Además era enferma, se sentía muy débil, o cansada sin gana de hacer nada. Muchas veces no se podía ni levantar por la mañana no savia porque era nunca la llevaron a un doctor porque se sentía haci, temprano por la mañana la obligaban que tenia que levantarse, a ella le toco la peor parte de esta repartición de hermanos, por ser una de la mas grandecita, el matrimonio que recibió a Cristina salieron tan malas personas tan desgraciados he inhumanos que no se daban cuenta que ella era una niña, de que cayó a esa casa la pusieron de empleada, para que los atendiera a los dos, viejos sinvergüenza parece que ellos nunca fueron niños se les olvido esa parte, la estaban esperando para ellos descansar según ellos ya habían trabajado mucho y habían encontrado empleada pero no se daban cuenta que la empleada que habían tomado era una niña.

Estos par de viejos infelices le dijeron, tienes que lavar, ayudarme hacer la comida, hacer aseo y a muchas cosas mas que te voy air enseñando más adelante le decía la mujer.

Y también planchar, para que te ganes el pedazo de pan y el plato de comida que te vas a llevar a la boca, pobrecita ella nunca se había visto así de esa manera, no entendía muy bien porque le estaba pasando eso y porque esta gente la trataban así y porque sus padres la habían abandonado y pasarla a estas personas, tienes que ayudar a trabajar para que te puedas comer lo que nosotros te vamos a dar oíste le decían, si señora tenía que decirle ella, pero aun no entendía lo que le estaban diciendo menos lo que a ella le estaba pasando ella era una niña chica no savia hacer nada a esa edad tenía que andar jugando con sus hermanitos.

Más le decían que tenía que apurarse por que le quedaban muchas cosas que hacer todavía, ellos se sentaban en el corredor de su casa a descansar o a leer un libro o simplemente a dormir, para eso había tomado una empleada para que les hicieran sus cosas. Un buen día esto fue cosa de la vida llego una visita justo a esa casa donde estaba Cristina, lo más curioso cómo les dije cosas de la vida.

La visita que llego ahí a esa casa fue nada menos que su propio tío de Cristina hermano de su padre, amigo de la familia de esa casa donde Cristina estaba, Cristina lo vio corrió y se hecho a sus brazos llorando, el tío la quedo mirando y la seguía mirando no entendía nada que asía ahí esa niña, la tomo en sus brazos y le dijo a los amigos que hace esta niñita aquí el no entendía nada tampoco el no supo que su hermano había hecho eso, le dio tanta pena verla, descalza y pobremente vestida pálida y muy delgada.

Les pregunto de nuevo a sus amigos ¿qué hace esta niñita aquí? Me la paso tu hermano contestaron ellos para que me ayudara a que hacer algo y se pudiera comer un plato de comida, porque así de mal esta tu hermano contestaron ellos económicamente, pienso que mi hermano no se las paso para que la tengan de empleada era para que le dieran un plato de comida como amigo que son pienso yo además ella es muy chica para ser empleada y ustedes se están aprovechando de esta niñita no la ven que es una niña chica aun, miren como anda vestida sin zapatos, y esa ropa ustedes se la pusieron verdad ropa suyas vieja que tenían para tripear se la pusieron a ella para no botarla verdad, preferiblemente que se hubiera quedado con sus padres desnuda pero más feliz al lado de ellos contesto el tío, más encima, miren como esta de flaca.

Pálida asta parece que está enferma como te sientes mija le pregunto el tío tomándola y sentándola en sus piernas, mal le contesto la niña, que haces aquí mi niña. No se mis padres me mandaron aquí no sé porque y que paso yo no entiendo.

Bueno como le dijeron sus amigos, sus padres la mandaron porque ya no tienen que comer y que ponerse, y tus hermanitos donde están le pregunto el tío, también ellos se fueron con distintas personas, pero yo no sé cómo lo están pasando ellos porque a mí me hacen mucho trabajar aquí, en la noche no me dejan ir a costar hasta que deje todo limpio y la loza lavada, me tengo que subir en una banca para alcanzar el lava plato y lavar las cosas, en la mañana me levantan muy temprano.

Para que les prepare el desayuno, me da mucho miedo que pueda quemarme el tío seguía con ella sentada en sus piernas escuchando.

Todo lo que la niña le decía, y muy enojado con los amigos esos no podía creer lo que estaba pasando. El no sabía nada de todo esto por lo que estaba pasando su hermano casi nunca se visitaban porque vivían lejos, les dijo no se dan cuenta que esta niña tiene que andar jugando afuera y no haciendo cosas pesadas de una casa para ustedes viejos sinvergüenza, y más atendiéndolos a ustedes que son pobretones igual que mi hermano, que se han creído que mi hermano.

Estaba criando esta niña para que los viniera a servir a ustedes, sinvergüenza si apenas tienen para comer ustedes eso creía mi hermano que eran amigos verdad pero él se equivocó de amigo.

El tío seguía muy enojado con el par de viejos y con la niña sentada en sus piernas, eso que eran amigos les dijo a los dueños de casa que más seria si no hubieran sido amigos habría sido peor para esta niña verdad, pero esto se les acabo ella no estará un día más aquí con ustedes viejos sinvergüenza, son unos sinvergüenza desgraciados, aprovecharse de una niña como se les puede ocurrir eso por dios por un pedazo de pan duro que le darán si es que le dan, porque de ver como la andan trayendo vestida y sin zapatos, ustedes nunca fueron niños parece, y si lo fueron no los trataron así sus padres verdad, lo ciento por ustedes porque ahora se van a levantar de donde están aplastados y a cocinarse lo que quieran comer, porque ahora mismo esta niña se va con migo, ustedes porque lo hacen con esta niña, aprovecharse de la desgracia de sus amigos tenía entendido yo que eran amigos parece, porque sus padres a ustedes gracias a Dios si tendrían para darles el plato de comida y sin andarle sirviéndoles a nadie no creen que ellos no lo hubieran hecho con ustedes. No, No deberían de haber hecho esto con esta niña además ustedes saben que el mundo da vuelta nadia sabe dónde podríamos llegar.

Eso deberían darle gracias a Dios y acordarse cuando eran chicos, y no tratar así a esta niñita ni a nadie, que sean chicos nunca negarles un pedazo de pan, y un plato de comida a nadie, aprovechándose de esta niña tan pequeña todavía, sinvergüenza son ustedes, ahora mismo ella se va conmigo yo hablare un día con mi hermano para que tenga cuidado y sepa donde mando los demás y les voy a contar todo lo que sus amigos estaban haciendo con la niña, no habían encontrado a otra persona mayor para que les ayudara hacer sus malditas cosas y no a esta niña por dios y ustedes que hacen por mientras, que esta pobre niña les trabaja, nada verdad porque habían encontrado empleada, pero no grande por que esa les iba a reclamar y tenían que haberle pagado lo justo verdad, pero no tenían que hacer sufrir esta niña yo pienso que ni papa sabe pelar todavía, que van a decir sus amigos cuando yo les diga como encontré a esta niña aquí con ustedes. Ella no les iba a reclamar por que solo es una niña además ella no sabe que está pasando en su casa con sus padres porque la habían mandado aquí porque tienen confianza en ustedes, pero yo pienso que mi hermano ni idea tiene como la están tratando.

El tío tomo la niña y se la llevo con él, no tiene comodidades era pobre también y solo, pero no le iba a faltar un plato de comida y vestirla, el trabajaba recogiendo yerbas medicinales en el campo, y las vendía en el pueblo de lo cual le iba muy bien.

De eso vivía el, y ahora Cristina. Le preparo una camita por ahí cerca de la de él y ante de acostarla le dio algo de comer iba muerta de hambre la pobre se comió todo lo que el tío le dio.

Ella se sentía feliz al lado de su tío, al otro día salieron a trabajar el tío le iba explicando todo lo que tenían que hacer para que ella fuera ayudándole y fuera aprendiendo que yerba era buena para cada dolor se fueron a trabajar recogiendo las yerbas, que el les enseñaba, lo pasaban muy bien los dos, el tío le contaba historias conversaban mucho y se reían, Cristina aprendió muy bien el trabajo del tío, le ayudaba muchísimo, cocinaban juntos, trabajaban juntos, él era muy cariñoso con ella la quería como si hubiera sido su padre no la dejaba sola para nada, donde el fuera se la llevaba ella feliz a su lado, así paso un buen tiempo con su tío, el tío trato de comunicarse con su hermano diciéndole que él tenía la niña y más adelante conversaría con él, más adelante les contare por qué la tengo yo, así paso el tiempo hasta que un día sus padres decidieron de recoger a todo sus hijos a su lado y dando las gracias a todas las personas que los habían ayudado, el padre le agradecía mucho a su hermano lo que había hecho sacar a Cristina de esa casa nunca se imaginaron que le iban a ser eso a la niña sus amigos. Cristina tuvo que dejar a su tío el si la quería de verdad y la ayudo bastante, y más aprendió el trabajo del tío cual hierba era buena para cada dolor, para los niños y adultos.

El tío la vistió muy bonita, para que se fuera con su padre fue una alegría muy grande encontrarse de nuevo con sus hermanitos y sus padres, después de tanto tiempo esos padres con sus hijos, sobre todo tener a sus hijos de nuevo a su lado, sufrieron mucho sin ellos, pero tenían que hacerlo en ese momento se abrazaban entre todos lloraban de alegría de encontrarse juntos, conversaban tenían tantas cosas que decirse, contarse anécdotas, hasta que les llego la noche, y el sueño los venció así siguió la vida de todos ellos, para nunca más separarse de sus hijos. Después de un tiempo sus padres decidieron irse a la capital. En busca de una mejor vida ya los niños iban creciendo y necesitaban mucho más ya iban niños más grandes que podían ayudarles a sus padres a trabajar en lo que fueran, pensaban ellos. Cristina seguía creciendo junta a sus hermanos y padres feliz, ella salió una niña muy bonita blanca con su pelo negro rizado hermosa.

Pero todavía era una niña muy bonita, cuando llegaron a la capital Cristina empezó a trabajar con familiares para estar mas segura y ganarse unos pesos. Y poder ayudar a sus padres. Pero con siempre la mala fibra que la seguía empezó a tener problemas con sus familiares, sus hijos querían abusar de ella siendo primos y otros y otros amigos de ellos. Pero a pesar de su corta edad se defendía como podía, y así nunca le paso nada y los amenazaba que los iba acusar a su tío si no la dejaban tranquila a todos los puso en su lugar.

Si otra vez le faltaban el respeto les dijo, que iba a hablar con sus tíos. Salió adelante y siguió trabajando como siempre cuidándose de sus primos, nunca se dejaba de estar sola en casa, la persona que ella cuidaba le daba unos panes y unos pesos en la tarde cuando se iba a su casa, para que llevara a su familia, así siguió la vida de Cristina.

Un día ya mas grande de unos catorce o quince años le dio su primer ataque fue tan fuerte que nunca antes le había pasado esto, por eso se veía cansada y pálida y nunca había ido a un doctor no tenía idea ella de nada, cayó encima de un brasero pero con suerte para ella que la vieron a tiempo y la sacaron inmediatamente no sabían que le estaba pasando gracias a Dios.

Que no recibió quemadura alguna, la llevaron de inmediato a emergencia, no sabían por que le había dado ese ataque, en emergencia le hicieron todo los examen correspondiente y el doctor le dio la triste noticia a sus padres, ellos no tenían ni idea que le había pasado a la niña, el doctor les dijo le dio un ataque de epilepsia o no decían ellos no, no puede ser sus padres no podían creer que a la niña le hubiera pasado eso, que dolor y tristeza más grande recibieron esos padres, pobre mi niña decían es tan chica todavía y darle esta enfermedad tan grande.

Que no tiene remedio. Decían sus padres, después de todo lo que habían pasado ahora esto no, no puede ser su madre lloraba mucho, que ira ser de ella mas adelante decía, pobrecita cuanto va a sufrir porque de esta enfermedad nunca se va a recuperar y más después tenían que cuidarla. La niña no se sentía bien desde chica era enfermiza pero en el campo costaba mucho para llevar los niños al doctor.

Posiblemente si hubieran llevado antes a la niña al doctor le habrían encontrado esta terrible enfermedad pero no fue así no sabían que estaba enferma, esta enfermedad no tiene remedio, quizás se la habrían mantenida mejor desde niña no le habría pasado esto pensaban sus padres ellos no hallaban que pensar porque se sentían muy triste.

El tiempo seguía para esta familia con mucho dolor y dificultades y pena pero así seguían adelante, ya estando en la ciudad su madre encontró un trabajo limpiando casas, porque los niños crecían y el dinero se hacía cada día menos, para el tiempo de escuela los uniforme zapatos útiles escolares en fin muchas cosas más y la comida. Y así pasaba el tiempo pagando agua y luz en el campo no lo hacían, hasta que un día

Cristina conoció a un muchacho para ella era su primera experiencia en noviazgo. Se enamoró de ese chico no hubo quien la hiciera cambiar.

De ese enamoramiento, esto fue peor para ella cuando le quitaban que se juntara con el chico con la suerte que tenía nunca se dio cuenta que el muchacho era drogadicto. En ese tiempo Cristina tenía solo diez y seis años no era una muchacha grande todavía, él le enseño a fumar pero gracias a Dios no se hizo adicta a las drogas, pudo dejar ese vicio a tiempo, se dio cuenta que eso no estaba bien lo que estaba haciendo, pero con el tiempo se embarazó sin estar casada con el muchacho.

Con eso se le vinieron más problemas encima. Después de haberse cuidado tanto de su familia para que nunca le pasara nada. Bueno así es la vida verdad y el amor, Cristina tuvo su bebe y fue una hermosa niña la tuvo con mucho sacrificio porque todavía no estaba bien de salud. Empezó a criar su bebe. Un tiempo después salió a trabajar para mantener a su hijita, y ayudar a su familia, ella seguía viviendo con sus padres, pero, al correr el tiempo se embarazó de nuevo del muchacho, ella siguió trabajando hasta cuando pudiera.

Pero antes de tener su bebe se casaron siguieron viviendo en casa de los padres de Cristina, nació el segundo bebe y fue otra niña hermosa también. Siguieron trabajando los dos y cuidando a sus dos hijas, así paso mucho tiempo pero la relación entre ellos dos había cambiado Muchísimo se trataban muy mal ambos los dos, él era muy machista y como siempre andaba drogado tenían peleas muy fuertes.

Quería que lo que el dijera se hiciera pero Cristina no se dejaba le decía para eso los dos trabajamos tenemos el mismo derecho no tienes porque ser así, los dos tenemos que hacer las cosas de casa cuando llegamos, adema estamos viviendo en casa de mis padres y no pagamos nada, ellos no nos exige nada solo ayudamos con lo que podemos, lo que le pasaba a Carlos que así se llamaba quería sacar a Cristina de la casa de sus padres adonde se la iba a llevar si él no tenía donde llevar su familia si no tenía casa, le decía Cristina mis padres me agradecen con lo que yo les ayudo hacer en casa, después de mi trabajo lavo la ropa y cocino espero a mis padres cuando llegan con algo para comer, además mi madre trabaja quien cuidaría la casa, tu sabes como son mis hermanos, venderían todo lo poco que ahí dentro para tomar.

Pero él no escuchaba a Cristina, lo que él quería era vivir solo Sacarla de ahí con su familia pero no tenía como hacerlo a él no le gustaba estar ahí con toda la familia de Cristina que eran mucho su trabajo no daba para tanto él no tenía casa.

Carlos la trataba muy mal ella le decía debería de estar agradecido de estar viviendo ahí si no

pagaban nada todo el problema era porque no
podía sacarla de ahí era todo, pero así y todo
le daban educación a sus hijas hasta cuando ya
crecieran. Cristina nunca quiso salir del lado de
sus padres por un lado estuvo muy bien. Ella
sabía que en otro lado no iban a estar bien en su
casa estaba segura Carlos le decía que él quería
lo mejor para sus hijas pero con qué. Aquí ahí
tanta familia nunca iban a poder darle lo que
necesitaban, por ese lado él tenía razón, las niñas
tenían que estudiar una profesión para que fueran
otras más adelante que era por su bien. Si algún
día se casaban tenía que ser con un chico igual
a ellas. Eran los pensamientos de su padre. Por
una parte Carlos tenía buenas esperanzas para sus
hijas. Pero no podía hacer nada, lo principal no
tenía casa para el futuro, meter a su familia pero,
Cristina no quería dejar a sus padres con el tiempo
Carlos dejo las drogas, pero más adelante cayó a
otra peor, empezó a tomar trago hasta que se hizo

alcohólico, con eso los problemas eran peores, más peleas en casa el no respetaba a nadie así seguía trabajando para sus hijas decía, las dos hijas empezaron a estudiar contabilidad que les iba a servir mucho cuando grande. Cristina encontró un trabajo de medio tiempo para ayudarlas, porque ella sí necesitaba de sus hijas. Porque con su enfermedad que tenia muchas veces no podía ir a trabajar, y no sabía como se iba a sentir más adelante.

Les daban todo lo que sus hijas necesitaban, su padre no las dejaba juntarse con nadie de por ahí donde vivían solo amigos de la escuela les permitía, les decía que todos esos chicos de por ahí no eran buenas amistades para ellas. El conocía todo ese ambiente porque él se había criado por esos lados.

Los hermanos de Cristina se casaban los mayores y salían de la casa, ella nunca quiso salir de ahí, ahí se sentía segura era su casa. Eso le sirvió mucho a Cristina porque una vez recibieron una triste y muy dolorosa noticia.

Su padre tuvo un terrible accidente en su trabajo, debido a ese accidente perdió su brazo derecho, esa si fue una noticia terrible para esa pobre familia. Imagínense el padre el cabeza de familia el que llevaba el dinero a la casa el dueño del hogar.

Tener ese terrible accidente. Perder su brazo derecho fue un dolor y una tristeza muy grande para todos ellos, junto con su madre trabajaban para la familia. Que terrible para ellos. Para comer, para pagar utilidades y con tantos hijos chicos todavía que iban a la escuela y muchas cosas más y más ahora ayudar a la enfermedad de su padre hospital medicinas, cosas que se necesitan en un hogar, como se las iban arreglar, Cristina se dedicó a cuidar a su padre dejo de trabajar, ella también tenía dos hermanos menores en casa. Pero ellos eran alcohólicos desde muy niños agarraron ese vicio nunca pudieron dejarlo, como sus padres nunca pasaban con ellos no tenían quien los cuidara, no querían ir a la escuela.

Y tampoco le hacían caso a Cristina no le obedecían para nada, ahí era otro problema para Cristina porque cuando se encontraban todos borrachos en casa, empezaba la pelea, ellos hacían lo que querían, no tenían control ni respeto por nadie, a Cristina no le obedecían para nada,

Tampoco respetaban a su padre que estaba enfermo a ellos no les importaba nada y así con todos esos problemas, el tiempo seguía pasando, para esa familia con mucha tristeza y dolor dentro de su casa ya estaba trabajando solo su madre y no era mucho lo que ella ganaba con eso tenían que vivir. Para todos sobre todo. Cristina ella sufría mucho por sus padres y por su madre, un día una de las hijas de Cristina empezó.

A tener una amistad con un chico de la misma población. Andaban a escondidas de sus padres pero Carlos se dio cuenta y la relación entre pareja de Cristina se hizo aun peor, porque él le echó la culpa a Cristina que ella savia y no le dijo nada a él para no tener problemas, ni tampoco a la hija, los golpes que Carlos daba en casa se sentían por todos lados, golpeaba lo que encontraba a su paso. Cristina se sentía muy mal, todos los vecinos se daban cuenta de los golpes que Carlos daba porque todo lo que había ahí era de sus padres nada era de ellos.

No respetaba ni al padre de Cristina porque el pasaba en casa, un día Carlos tuvo una gran pelea con el amigo de su hija.

Todos los vecinos se daban cuenta de lo que estaba pasando en esa casa. Ellos dos se habían perdido el respeto por completo. Un día que tuvieron una discusión muy acalorada con Carlos sus hijas y Cristina lo trataron muy mal. Porque él no respetaba a nadie ni al padre de Cristina que él era el dueño de casa. Eso a Cristina no le gusto le dolió mucho que no respetara Carlos a su padre lo trato muy mal, si el señor estaba enfermo ya no iba a poder trabajar nunca más, en primer lugar ya estaba mayor y segundo por la pérdida de su bracito, el siempre callado nunca decía nada cuando sentía las peleas en casa no se metía para nada pero de todas maneras sufría mucho pero era el dueño de casa. Carlos tenía que respetarlo, Carlos se había puesto grosero no respetaba a nadie cuando se encontraban todos borrachos en casa era las peles. Ya los tenia a todos harto con sus peleas y discusiones, ese día después de la discusión que tuvieron Cristina salió a comprar con sus hijas, el padre de Cristina pasaba afuera sentado en su banquita a la sombra de su casa, solo se entraba cuando Cristina lo llamaba a comer, Él tampoco se dio cuenta de nada ni se acordaba que Carlo había quedado solo dentro de la casa nadie se imagino lo que Carlos pensaba hacer ese día tampoco, en esto llego un chico corriendo donde estaban ella con sus hijas comprando, que te pasa le dijeron que vienes tan apurado.

Váyanse de inmediato a la casa, dijo el chico, por que contestaron ellas, porque paso una terrible desgracia les dijo el chico, Cristina pensó en su padre algo le paso no puede ser dijo y salieron corriendo.

Se fuero rápido a la casa había mucha gente parada en la calle frente a la casa cuando ellas llegaron Cristina vio a su padre ahí sentado como siempre en su banquita y pensó que paso. Entonces que fue lo que paso pensó dijo ella, y cuál fue su gran sorpresa al entrar a la casa lo primero que vieron fue a Carlos colgando del cuello de una viga de la casa. Eso fue terrible para todos. Se había ahorcado, que podían hacer ellos solo llamar a las autoridades para que vinieran a sacar el cuerpo de ahí se lo llevaron a la morgen y al otro día sacarlo al cementerio, él ya lo había intentado otras veces pero lo habían salvaban, tomándose muchas pastillas, lo llevaban de emergencia y le hacían lavado de estómago y volvía a la casa, según el ya había perdido el mando de su familia, que nadie le hacía caso Cristina quería a su esposo pero a su manera porque con tantas peleas ya no se preocupaba de él. Como el era borracho y todo pero lo quería y más era el padre de sus hijas, nunca se imagino que su esposo terminaría de esa manera, quitándose la vida, fue un cobarde en ese sentido. Dejar a Cristina sola con sus problemas con su enfermedad su padre enfermo y sus dos hijas.

Pobre Cristina quedo muy triste con la muerte de su esposo y de la manera que murió dejando a Cristina y su padre invalido. Ahora cuando llegara su mami como se lo iban a decir. Cristina se le vino el mundo abajo, y ahora dijo como lo voy hacer con mis hijas, siguió cuidando a su padre y sus ataques le daban más seguido y más fuerte con los problemas que le venían, siguieron los días y los meses, Cristina encontró un trabajo para poder ayudar a sus hijas que terminaran sus estudios, otra hermana de Cristina se hizo cargo de cuidar de su padre, llegaba en la mañana y se iba en la tarde, las dos hijas de Cristina se recibieron de contabilidad ya tenían su diploma.

Pero los problemas la seguían, solo la hija mayor alcanzó hacer a practicar y de ahí nada mas, con eso no podía trabajar en nada, tenía que haber seguido. Para tomar experiencia pero no quiso seguir, para Cristina sus hijas eran su única esperanza, porque era lo único que ella tenía para que la cuidaran cuando le dieran los ataques. Un día Cristina se llevó otra gran sorpresa desilusión y tristeza. Su hija la mayor salió embarazada del mismo muchacho que su padre se había peleado antes.

Ya no se podía hacer nada su hija siguió viviendo en casa no salía a trabajar. Cristina seguía trabajando, pero al poco tiempo después.

Otro golpe para la pobre Cristina, su hija menor salió embarazada, para Cristina ya era mucho nadie tenía compasión de ella por todo eso, se le vinieron todas sus esperanzas abajo ella tenía todas sus esperanzas en sus hijas para más adelante para cuando ella fuera mayor y le dieran sus ataques tener a alguien a su lado.

Pero con esto todo los que ya había recibido pensaba ella sus hijas no, no podía ser de que manera me han pagado como no se iban a dar cuenta de los problemas que habían en casa, tanto que me he sacrificado por ellas y también su padre y cuanto hemos sufrido y con esto nos pagaron, no, no esto ya es mucho para mí, Cristina tenía la esperanza en sus hijas, todas sus ilusiones y esperanzas todo lo hacía por sus hijas de trabajar para ayudarlas se vinieron a tierra, por todo esos problemas recibidos sus ataques le empezaron a dar mas seguido y más fuerte aún, Cristina se sentía morir.

De tanta tristeza no podía creer tantos sufrimientos juntos en una sola persona, no, no puede ser decía Cristina y lloraba mucho el tiempo no se hizo nunca bueno para mí nunca lloraba en casa. ¿Por qué tanto sufrimiento? ¿y por qué yo? era la pregunta de ella tengo que pasar por todo esto, cuando ira ser mi día, toda mi vida sufriendo desde que era chica cuando voy a descansar.

Cuando muera será decía Cristina iré a descansar, los días seguían para ella como todos los días de puros sufrimientos, sin ninguna esperanza de nada y ningún cambio.

Ella lloraba y decía como una persona humana puede aguantar tanto sufrimiento. Ella se encontraba buena persona buena hija por cuidar a sus padres y familia y también buena madre, pero pasar por tantos problemas era su pregunta. Que puedo hacer seguir aguantarlos verdad, que me vendrá mas adelante se preguntaba ella, con esta enfermedad que tengo pobrecita Cristina, un día le ofrecieron si podía cuidar a una abuelita, y a una tía viejita que les quedaban, que le iban a pagar muy bien según ella sus familiares, ella dijo que si, y unos que otros trabajitos que le salían por ahí ella no los despreciaba porque necesitaba, planchar, limpiar alguna casa, o lavar, lo que fuera que le saliera ella lo recibía, al tiempo después se le murió la abuelita que cuidaba, le hizo muy mal su muerte, ella era muy buena con Cristina.

Siempre la estaba ayudando con lo que podía. Cristina siguió cuidando la tía a ella tenía que cuidarla día y noche.

Porque había quedado sola la familia no se hizo cargo de ella, Cristina se tenía que quedar a dormir ahí se tiraba en el suelo por la noche envuelta en unas frazadas tenía que estar al lado de ella.

Y más soportando los malos olores que le salían del cuerpo a la tía porque tenía llagas y hedía muy fuerte. Pero ahí estaba Cristina a su lado, la tía tenía hijos pero nadie se preocupaba de ella, hasta que un día dejó de sufrir.

Se murió la tía, pero el sufrimiento seguía para Cristina. Con la muerte de la tía tenía que estar soportando los malos tratos de la familia. Los hijos de la tía, le decían que ella no había sabido cuidar de su madre como debido que para eso le pagaban, ese fue el pago que le dieron por cuidarla y estar durmiendo mal por noche. Si Cristina cuidaba a la tía era porque necesitaba no lo hacía por gusto y poder aguantar eso, Cristina no se hacia problemas con ellos porque ella estaba tranquila con su mente porque hizo todo lo que pudo por cuidarla a las dos, y así seguían los días para esa pobre muchacha, pero esto ya fue el colmo para la pobre Cristina. Un día enfermó su padre le dio un infarto, ataque al corazón quedo muy mal.

Tal vez el se daba cuenta por todo lo que Cristina pasaba, su madre solo llegaba en la tarde cargada de cositas para comer.

Al padre le quedo un dolor insoportable en un pies justo en el lado derecho que le faltaba su bracito. El doctor le dijo a Cristina que con el ataque que le había dado a su padre no le llegaba la sangre al pies por eso eran los dolores tan fuerte que le daban, día y noche no lo dejaban dormir le ponían morfina y otros remedios pero nada le calmaban los dolores. Cristina le pregunto al doctor, que más se le puede hacer a mi padre para que no sufra tanto dolor.

El doctor le dijo la solución serian dos, que no son muy buena para ti, y mas le dijo no te aseguro que tu padre las resistas, la primera es operarlo del corazón, ponerle un vais paz, pero a su edad tal vez no lo resista pero habría que probar.

Cristina le dijo con esa operación le soluciona el dolor del pie a mi padre, si dijo el doctor porque con eso le llegaría la sangre al pie y dejaría de dolerle un poco, un poco dijo Cristina, si un poco contesto el doctor, y la otra solución pregunto Cristina, bueno la otra contesto el doctor es más seria, sería cortarle la pierna, como, dijo Cristina cortarle la pierna, y mi padre dejaría que le hagan eso, bueno dijo el doctor con eso se solucionan dos cosas.

Porque tu padre ya tiene gangrena en la pierna eso le quedo de la sangre que no le llegaba al pie.

Eso sería lo mejor para él porque se le quitarían todos los dolores, esto fue otro golpe muy fuerte para Cristina otra vez, piénselo le dijo el doctor y habla con tu padre y dile la verdad.

Házmelo saber, lo antes posible solo sería por tu padre para que no sufra tanto, tan fácil para el doctor dijo Cristina, y ahora como se lo hago saber a mi padre esto capas que lo mate de una vez.

De inmediato decía ella, y lloraba, pobre Cristina se fue camino a su casa llorando no sabía para donde iba. Y a mi madre pensaba ella como se lo digo.

Los hermanos de Cristina no se preocupaban por nada, veían como estaba mi padre y ellos no les importaba mi madre si se preocuparía mucho. Capaz que mi madre deje de trabajar para poder cuidar a mi padre, decía Cristina y ese es el único dinero que entra a la casa, además yo soy la que lo cuida, Cristina no podía dormir por las noches, pensando como se lo diría a su madre, después de pensarlo mucho Cristina tenía que darle la respuesta al doctor hablo con su padre un día tenía que hacerlo lo antes posible por el dolor de su padre, le dijo papá tengo que decirle algo que me dijo el doctor a mí me duele mucho no sé cómo decírselo pero sea fuerte porque no es buena noticia, el padre le dijo habla hija lo que sea, yo ya no espero nada bueno de esta vida, estoy preparado para lo que sea hija le dio animo él.

Ella le explico todo lo que el doctor le había dicho, que pensáramos en lo mejor para usted para que no sufra tanto y se le quiten esos dolores de una vez que no lo deja día ni noche, yo quiero saber su opinión, porque yo no quiero tener mi conciencia intranquila después sé que es algo que usted tiene que contestar yo sé que es fuerte es para que deje de sufrir.

Con sus dolores y pueda dormir bien por las noches, el padre se sintió tan mal triste con la noticia lagrimas le corrían por sus mejillas pobre hombre pero tenía que darle la respuesta a Cristina y también pensaba el poder descansar de mi dolor. Después de llorar un rato y con un mil pensamiento en su cabeza se abrazó a su hija dijo a su hija, tú y el doctor hagan lo que es mejor para mi y me quite este dolor que ya no lo aguanto. Para mí lo que tú digas está bien y no te hagas problema porque yo sé que tu estas sufriendo más que yo con todo esto, tú has hecho todo lo mejor por mí y por la familia yo que más espero yo sé que tú quieres lo mejor para mí también no te preocupes por lo que me pueda pasar. Cristina abrazó a su padre le dio un beso y después habló con el doctor.

Y optaron por la segunda opción, llevaron al padre al hospital Cristina se encargo de decirle lo que le iban hacer, el lo tomo con mucha tristeza y a la vez esperanza porque le iba a quitar un poco el dolor tan grande que tenía pobre papá dijo Cristina cuanto está sufriendo y yo también yo me hago la valiente para que mi padre no sufra mucho.

Le dijo está bien hija que se haga lo que sea, y yo poder seguir viviendo un tiempo más sin dolor hasta cuando Dios quiera al lado de ustedes era una tristeza muy grande escucharlo hablar y estar en esa familia.

Como sería el dolor que tenia el pobre hombre que dijo esta bien lo que tu digas. Ya para mí se terminó todo que más da, le cortaron la pierna y con eso se le fue la gangrena, la sangre empezó a funcionar bien Cristina se amanecía en el hospital cuidando a su padre.

Allá se entretenían conversando ella le contaba como estaban en casa como estaba su madre in fin así lo entretenía para que el no pensara tanto. Pobre papá decía ella. Cuanto estará sufriendo él nunca le decía nada para no ponerla triste a Cristina con todo esto, pero el ahí callado sufriendo para sus adentro, ya no tiene su bracito ni su pierna, pero yo lo cuidaré hasta cuando sea necesario, yo nunca lo dejaré le decía Cristina. Ella era la que más estaba sufriendo. Con todo esto, ella es una muchacha muy linda y de muy buenos sentimientos, y de noble corazón. Ella sufría mucho más que su padre porque él ya se había resignado con la pérdida de su brazo ya para el que más espero decía él.

Pero, con esta operación tampoco le daban mucha garantía pero si lo cuidaban bien iba a durar mucho tiempo más. Cristina lo cuidaba con mucho cariño y amor.

A todo esto ya no se fue de la casa de sus padres, porque su padre no la dejo irse, habló con sus hijos si no estaban bien en casa que se fueran ellos cuando quisieran, pero Cristina no se mueve de mi casa sus hermanos querían que ella se fueran y quien cuidaría de su padre.

A sus hermanos no les gustó la noticia que les dio su padre pero no les quedaba otra, aguantarse ahí o irse de la casa.

Bueno ya habían pasado un tiempo de todos estos problemas, Cristina seguía cuidando a su padre en casa.

El padre ya había salido del hospital y se estaba recuperando en casa. Cristina lo cuidaba con mucha atención y cariño lo primero era para él, un día Cristina tuvo otro problema este si fue muy grande. Un día su madre amaneció muy enferma en la mañana no fue capaz de levantarse para ir a trabajar esto fue de repente Cristina se asustó mucho su madre nunca se lamentaba de nada porque ella nunca dejaba de trabajar, pasara lo que pasara lloviera o lo que fuera salía a trabajar temprano por la mañana o lo que fuera ella salía a trabajar, temprano en la mañana ya no llegaba hasta oscuro por la tarde, parecía hormiguita cargada de comida para su familia. Pero esa vez se agravó mucho, la llevaron al hospital, según el doctor.

Su madre tenia vesícula, de eso la trataban, pero la verdad era que su madre tenía cáncer terminal. Le dieron unos remedios, y uno tratamientos que tenía que tomar pero nada le hacían.

Todos se sintieron muy mal con su enfermedad. De su madre Cristina más que nadie, se dedicó a cuidarla con mucho cariño y atención, y a su padre también, hasta cuando Dios quiera los cuidaré, decía ella.

Pese a que sus hermanos no la querían pero a ella eso no le importaba, le importaban solo sus padres, tenían más hermanas pero no lo hacían como ella. Cristina había empezado a cuidar unos niños para ayudarse en algo pero lo dejo de cuidar para cuidar de sus padres.

Pero les dijo a sus hermanos si ustedes no salen a trabajar yo no les voy a dar comida no les voy a dar nada ni les voy a lavar ropa. Mi madre ya no puede trabajar y yo tengo que cuidarlos, ahora les toca a ustedes trabajar para que nuestros padres puedan comer y tener para sus remedios. Un día su madre amaneció muy grave o través la llevaron al hospital los remedios que le habían dado no le hicieron nada, de nuevo el doctor les dijo que su madre iba muy mal.

Después de atenderla el doctor su madre falleció imagínense Cristina no lo podía creer, no, no puede ser que mi madre hubiera muerto, no, no es verdad le decía al doctor ella nunca se quejaba de nada, quizás cuanto estaba sufriendo le dijo el doctor y más ella que no hablaba ella, por todo lo que estaba pasando y siempre callada en casa y más con esos tremendos dolores que tendría no decía nada sin poder cuidar de su esposo de la casa de nadie por trabajar.

Pero nunca decía nada en casa se quedaba callada no se quejaba para nada, nada decía, seria de pena de ver a su esposo en este estado. Cristina quería morirse junta con su madre, fue un dolor muy grande y muy fuerte para ella, perder a su madre, eso Cristina no lo podía creer, nunca se imaginó que su madre se muriera si era fuerte y trabajadora, ahora que va hacer de mi y de mi padre.

Mis hermanos me van a decir que me vaya de la casa, yo no lo voy hacer adema decía hasta que mi padre lo diga, además decía Cristina mi madre nunca se lamentaba de nada, y ahora enfermarse solo para morir.

No, no puede ser, no podía consolarse fue un golpe muy grande para ella, bueno se hizo cargo de la casa, mando a sus hermanos a trabajar si quería comer y tener ropa limpia el que quería trabajar ella lo atendía y el que no trabaja se va de la casa, son ordenes de mi padre ella se dedicó a cuidar de su padre y cuidar de unos hermanos menores que quedaron, ellos tuvieron que salir a trabajar también, Cristina cocinando para todos, lavándoles y sirviéndoles, y eso que no la querían. Pobre Cristina ya toco fondo con tantos problemas y sufrimiento, a hora le dio miopía tiene que operarse lo antes posible, tiene el colesterol muy alto con su depresión muy alta ya no da más, y para peor de tanto trabajar y caminar de un lado a otro mal comida se le soltó un riñón y con eso le produce grandes infección de orina que le sale con sangre, y grandes dolores, pero todavía no a encontrado tiempo para cuidarse ella, no tiene dinero, ella hace trabajitos chicos para tener un dinerito y poder comer.

En el día no hace mucha fuerza, pobre Cristina siempre callada y tranquila como era su madre, lleva para todos lados su vida llena de sufrimiento y dolor, nadie se lo podrá imaginar.

Nunca ha dejado tiempo para ella, tampoco tuvo tiempo para ser una niña jugar como todas las demás niñitas con muñecas o tantas cosas más.

Todavía es joven y bonita, hasta aquí ya lleva once años viuda, nunca pensó en hombre alguno, no olvida su primer y último hombre en su vida, lo que más quiere que la quieran como una persona que vale, no golpes y más golpes emocionales y físicos, ella sigue adelante con su sufrimiento dentro de su alma y corazón, muchas veces llora cuando va de compra por las calles, si toda la gente que la ve supiera el sufrimiento que esta pobre mujer lleva por dentro por lo que ha pasado no se lo creerían, muchos dirán al verla pasar que tristeza lleva esa pobre mujer cuanto habrá sufrido, la pregunta es. ¿Cómo un ser humano puede aguantar tanto sufrimiento? ahí está esperando no sabe que tal vez dice ella que algún día no muy lejano pueda ver una lucecita en su largo y amargo camino que le ha tocado seguir por la vida para que la guié.

Espero que mi historia puede ser relatada algún día y que tenga buena acogida en sus lectores.

Escrita por María Torres Lagos e Hijo
Juan Flores mi compañero de trabajo
Muchas gracias….

Printed in the United States
by Baker & Taylor Publisher Services